BEI GRIN MACHT SICH IHR WISSEN BEZAHLT

- Wir veröffentlichen Ihre Hausarbeit, Bachelor- und Masterarbeit
- Ihr eigenes eBook und Buch - weltweit in allen wichtigen Shops
- Verdienen Sie an jedem Verkauf

Jetzt bei www.GRIN.com hochladen und kostenlos publizieren

Bibliografische Information der Deutschen Nationalbibliothek:

Die Deutsche Bibliothek verzeichnet diese Publikation in der Deutschen Nationalbibliografie; detaillierte bibliografische Daten sind im Internet über http://dnb.d-nb.de/ abrufbar.

Dieses Werk sowie alle darin enthaltenen einzelnen Beiträge und Abbildungen sind urheberrechtlich geschützt. Jede Verwertung, die nicht ausdrücklich vom Urheberrechtsschutz zugelassen ist, bedarf der vorherigen Zustimmung des Verlages. Das gilt insbesondere für Vervielfältigungen, Bearbeitungen, Übersetzungen, Mikroverfilmungen, Auswertungen durch Datenbanken und für die Einspeicherung und Verarbeitung in elektronische Systeme. Alle Rechte, auch die des auszugsweisen Nachdrucks, der fotomechanischen Wiedergabe (einschließlich Mikrokopie) sowie der Auswertung durch Datenbanken oder ähnliche Einrichtungen, vorbehalten.

Impressum:

Copyright © 2016 GRIN Verlag
Druck und Bindung: Books on Demand GmbH, Norderstedt Germany
ISBN: 9783668992177

Dieses Buch bei GRIN:

https://www.grin.com/document/493669

Melanie Würsig

Das weibliche Streben nach Schönheitsidealen in kommerzieller Werbung

GRIN Verlag

GRIN - Your knowledge has value

Der GRIN Verlag publiziert seit 1998 wissenschaftliche Arbeiten von Studenten, Hochschullehrern und anderen Akademikern als eBook und gedrucktes Buch. Die Verlagswebsite www.grin.com ist die ideale Plattform zur Veröffentlichung von Hausarbeiten, Abschlussarbeiten, wissenschaftlichen Aufsätzen, Dissertationen und Fachbüchern.

Besuchen Sie uns im Internet:

http://www.grin.com/

http://www.facebook.com/grincom

http://www.twitter.com/grin_com

Johannes Gutenberg-Universität Mainz
Fachbereich 02: Sozialwissenschaften
Seminar: Soziologie der Werbung

Sommersemester 2016

„Du musst schön sein"

Das weibliche Streben nach Schönheitsidealen, vermittelt durch die kommerzielle Werbung

Melanie Würsig   Kernfach: Soziologie (5. Semester)
                                       Beifach: Filmwissenschaft (3. Semester)

Inhaltsverzeichnis

1. Einleitung..1
2. Schönheit..2
   2.1 Was ist „Schönheit"?..2
   2.2 Frauen und Schönheit..3
   2.3 Schönheit in der Werbung..4
3. **Gender-Marketing**..5
   3.1 Was ist Gender-Marketing?..5
   3.2 Gender Marketing in der Praxis...6
     3.2.1 Emotionalisierungs-These...6
     3.2.2 Evolutionsbiologischer Ansatz..7
     3.2.3 Identifikationstheorie...7
     3.2.4 Match-up-Hypothese..8
4. **Folgen des Schönheitswahns**..8
5. **Fazit**..9
6. **Literaturverzeichnis**..10

1. Einleitung

„Und die Schönheit? Gibt es einen Wunsch in uns, der tiefer sitzt, ein Bedürfnis, welches uns dringlicher plagt, eine Hoffnung, die wir behutsamer und mit ausdauernderer Bereitschaft zur Selbsttäuschung pflegen? […]
Schönheit steht in Diensten des Vitalen, des Vorwärtsdrängenden, des Lebendigen des Lebens. Ohne die Schönheit wäre Stillstand. Sie ist das Aufgegebene, das zum unablässigen Überschreiten des Gegebenen nötigt, eine unfehlbare Bedingung der nichtstationären Gesellschaft, unverzichtbar für allen Fortschritt und jedwede Entwicklung. Allein ihre Anwesenheit enthält das Versprechen einer machtvollen Prämie des Erfolgs."
(Guggenberger 1995: 26 ff.)

Schönheit spielt in unserer Gesellschaft eine immer größere Rolle, was zum Teil daran liegen dürfte, dass sie uns ständig durch Massenmedien vor Augen geführt wird. Die Werbung nimmt hierbei eine spezielle Rolle ein, da sie uns Schönheitsideale nicht bloß vermittelt, sondern angeblich zeigt, wie diese zu erreichen sind.
Schönheit ist eine stark umstrittene Angelegenheit, die oft mit viel Kritik verbunden ist, aber mit der sich fast jeder in irgendeiner Weise beschäftigt. Die einen Streben nach Schönheit, andere bewundern sie und wieder andere missbilligen die vorherrschenden Vorstellungen davon, was schön ist und was nicht.
Besonders Frauen sind dem ständigen Druck ausgesetzt, den vermittelten Idealen zu entsprechen, da sie ansonsten von Selbstzweifeln oder sogar Minderwertigkeitskomplexen geplagt werden.
Aufgabe dieser Hausarbeit ist es zu klären, was Schönheit genau bedeutet, warum sie so erstrebenswert ist und wie sie durch Werbung vermittelt wird. Des Weiteren soll geklärt werden, weshalb Frauen dem Schönheitsdiktat häufiger beziehungsweise stärker unterliegen als Männer und wie sich die Werbung diesen Aspekt durch gezieltes Gender-Marketing zunutze macht.
Zum Schluss gehe ich auf die Problematik des Schönheitsstrebens ein und fasse im Fazit zusammen, zu welchen Erkenntnissen ich gelangt bin.

2. Schönheit

Im folgenden Kapitel geht es darum, wie Schönheit definiert wird und wie sie sich von Attraktivität unterscheidet. Anschließend widme ich mich der Frage, weshalb es gerade für Frauen scheinbar von großer Bedeutung ist, schön zu sein und zuletzt werfe ich einen Blick auf die gängigen Schönheitsideale und deren mediale Vermittlung.

2.1 Was ist „Schönheit"?

In der Literatur gibt es unzählige Definitionen des Schönheitsbegriffs, weshalb ich mich auf die Ausführung von Bernd Guggenberger beschränke, da sich diese im Feld der Werbungssoziologie bewegen.
Schönheit besteht zunächst aus zwei Aspekten, dem Gegenstand und der Art, wie dieser Gegenstand betrachtet wird. Diese Aspekte werden in der sogenannten „phänomenologischen Ästhetik" zusammengefasst, wie folgendes Zitat erläutert:

„Die ‚phänomenologische Ästhetik' versucht beide Erkenntnisabsichten, jene vom Gegenstand und jene vom Betrachter her, miteinander zu kombinieren. Der ästhetische Gegenstand in seiner positiven Wertqualität entsteht in der Wechselwirkung zwischen dem Subjekt und dem Objekt der Wahrnehmung. Einer ganz bestimmten Beschaffenheit des Gegenstandes (‚schön') entspricht eine darauf abgestimmte Betrachterrezeption. Ohne die ‚objektiven' Schönheitsmerkmale des Gegenstandes gäbe es keine Schönheitswirkung beim Betrachter; und ohne die Passung der Perzeption, d.h. ohne Sensibilität und Sensorium des Betrachters verpufften alle Schönheitssignale." (Guggenberger 1995: 52)

Um mich vom Begriff der „Attraktivität" abzugrenzen, beschränke ich mich auf rein optische Eigenschaften, wenn ich von Schönheit spreche. In diesem Sinne kann Schönheit als Teilaspekt von Attraktivität betrachtet werden, da noch weitere Faktoren wie Charakter oder die soziale Situation existieren, welche eine Person im Endeffekt attraktiv erscheinen lassen. Auf dieses Thema komme ich noch einmal zurück, wenn es um den Stellenwert der Schönheit für Männer und Frauen geht. Im Moment halten wir erst einmal fest, dass es gewisse optische Eigenschaften gibt, welche eine Person schön erscheinen lassen, aber eben nur dann, wenn diese Schönheit von einem Betrachter wahrgenommen wird.

Als Schönheitsideal einer Gesellschaft könnte man also diejenigen optischen Eigenschaften bezeichnen, welche rein objektiv als schön angesehen werden.

2.2 Frauen und Schönheit

„Schönheit ist soziale Macht von Anfang an." (Guggenberger 1995: 22)

Dieses Zitat fasst in einem Satz zusammen, weshalb Schönheit in unserer Gesellschaft so erstrebenswert ist. Schöne Menschen werden von Kindesalter privilegierter behandelt, was wiederum deren Selbstvertrauen stärkt, wodurch sie letztendlich noch attraktiver erscheinen (vgl. Guggenberger 1995: 22 ff.).

Jene Tatsache, dass Schönheit einem Vorteile verschafft betrifft nun erstmal Frauen, als auch Männer. Doch für Frauen scheint es noch wichtiger zu sein, dem Schönheitsideal zu entsprechen. In einer Studie der Apothekenrundschau wird dies deutlich, denn 22,3% der Frauen geben an, sich durch Werbung unter Druck gesetzt fühlen, hingegen nur 12,8% der Männer. (Presseportal 2014)

Laut Guggenberger ist Schönheit eine hauptsächlich weibliche Angelegenheit, da Frauen von Grund auf schöner sind als Männer. Dies soll bedeuten, dass sie mehr der schönen objektiven Merkmale aufweisen, die in Kapitel 2.1 besprochen wurden.

Während Frauen also hauptsächlich primäre Schönheitsattribute auf sich vereinen, sind es bei Männern eher sekundäre Eigenschaften der Schönheit, beispielsweise Körperkraft, welche zwar attraktiv wirkt, jedoch nicht als „schön" bezeichnet wird (vgl. Guggenberger 1995: 118).

Nun taucht hier erneut der Begriff der Attraktivität auf, welcher noch öfter in Erscheinung treten wird, da Schönheit und Attraktivität stark miteinander gekoppelt sind.

Es ist nachgewiesen, dass Männer auf Frauen attraktiv wirken, wenn sie zum Beispiel einen prestigeträchtigen Job ausüben, viel Geld verdienen oder große soziale Macht innehaben. Frauen hingegen müssen in erster Linie gut aussehen, um attraktiv zu sein.

Dass sie von Männern zunächst hinsichtlich ihrer Schönheit bewertet werden, dürfte den meisten Frauen bewusst sein, zumindest wissen sie, dass sie betrachtet werden was im Endeffekt erheblich ihr eigenes Selbstbild prägt.

„Frauen sind auf eine höchst ambivalente Weise, Beobachtungsexpertinnen ihrer selbst. Ihre Fähigkeit, sich selbst zu beobachten, ist vor allem der Wahrnehmung beständiger Fremdbeobachtungen geschuldet. Sie sind beobachtete Beobachterinnen: ‚Männer sehen Frauen an. Frauen beobachten sich selbst als diejenigen, die angesehen werden. Dieser Mechanismus bestimmt nicht nur die meisten Beziehungen zwischen Männern und Frauen, sondern auch die Beziehungen der Frauen zu sich selbst' " (Guggenberger 1995: 123)

Frauen möchten also von anderen, besonders dem männlichen Geschlecht, als schön angesehen werden, um sich letzten Endes selbst schön zu finden.

2.3 Schönheit in der Werbung

Da nun geklärt wäre, wie ich Schönheit definiere und weshalb Frauen eher als „schön" gelten, als Männer, werfe ich nun einen Blick darauf, wie die weibliche Schönheit in der Werbung dargestellt wird.

In der Werbung erscheinen hauptsächlich attraktive Frauen, da attraktive Gesichter bei den Rezipienten eher positive Affekte auslösen und in Verbindung mit positiven Worten eher in Erinnerung bleiben. So wird also die Attraktivität des Models auf das beworbene Produkt übertragen (vgl. Schütz 2014: 58).

Doch was gilt in der Werbung beziehungsweise für die Zuschauer als attraktiv oder, nach unserer Definition, als schön?

Zum einen spielt der Körperbau eine entscheidende Rolle.

Bei kurzem Blick auf die Werbung, werden schlanke Models besser beurteilt, beschäftigt sich ein Rezipient allerdings eingehender mit der Werbung und versucht sich damit zu identifizieren, dann schneiden realistische, rundere Models besser ab.

Des Weiteren scheinen die Models in der Werbung allesamt mit strahlend weißen Zähnen, makelloser Haut und perfekt fallendem, vollen Haar gesegnet zu sein. Der Schlankheitsfaktor ist aber wohl der am meisten beeinflussende, da auch der meist umstrittene und diskutierte.

Nun werden weibliche Models in der Werbung also meist nur zu dekorativen Zwecken benutzt und auf ihr Aussehen beschränkt (vgl. Schütz 2014: 59).

Guggenberger würde diesen Tatbestand erneut damit begründen, dass Frauen nun einmal die schöneren Attribute besitzen, welche die Zuschauer gerne betrachten. Denn wer würde in einer exotischen Werbung lieber eine behaarte Männerfessel, als eine zarte, glatte Frauenfessel sehen wollen? (vgl. Guggenberger 1995: 120).
Dies lässt sich einfach beobachten, wenn man sich einmal bewusst mehrere Werbespots im Fernsehen oder in Zeitschriften anschaut. Ob in Werbung für Partnervermittlungen, für Zahnpasta oder aber auch für Einrichtungshäuser, überall sind schöne, schlanke Frauen zu sehen.

3. Gender-Marketing

3.1 Was ist Gender-Marketing?

Gender-Marketing stellt eine Form von Zielgruppenmarketing dar, welche, wie der Begriff „gender" bereits generiert, sich auf die Geschlechtsunterschiede spezialisiert. In diesem Sinne gibt es Marketing ausschließlich für Frauen, für Männer oder aber für Frauen und Männer, sofern sich die Kriterien vereinen lassen.
Man verspricht sich davon die bestmögliche Befriedigung der Bedürfnisse der Kunden, damit diese zufrieden sind und dem Produkt beziehungsweise der Marke treu bleiben (vgl. Jaffé/ Riedel 2011: 26).
Die Unterscheidungen, welche hinsichtlich des Geschlechts gemacht werden, können biologische, sowie psychologische Faktoren des Menschen beinhalten, aber auch soziale Einflüsse. Dabei fällt der Blick oft noch auf eine weitere Zielgruppen-Typologie, die sich nach Lebensabschnitten richtet (vgl. Jaffé/ Riedel 2011: 26-27). Dieser Aspekt dürfte für das Gender-Marketing nicht ganz unbedeutend sein, denn „der Hormonhaushalt verändert sich mit zunehmendem Alter, sowie durch spezifische Auslöser wie beispielsweise Schwangerschaft und Geburt bei Frauen, beruflichem Aufstieg oder dem Eingehen einer Partnerschaft bei Männern. Manche Veränderungen sind temporär, andere permanent." (Jaffé/ Riedel 2011: 27)
Nun ließe sich an dieser Stelle kritisieren, dass sich Gender-Marketing ausschließlich auf heterosexuelle Männer und Frauen bezieht und Schwule, Lesben, Transgender, usw. außen vor lässt. Allerdings hat man bereits vor dem Gender-Marketing entdeckt, dass sich

die Bedürfnisse dieser Gruppen von denen heterosexueller Männer und Frauen differenzieren, weshalb längst eigene Marketing-Sparten für diese speziellen Zielgruppen existieren und das Gender-Marketing sich nicht zwingend mit diesen befassen muss (vgl. Jaffé/ Riedel 2011: 28).

Da Gender-Marketing noch kundenorientierter arbeiten muss, als andere Marketing-Strategien, gestaltet sich ebenfalls der Aufbau weitaus komplexer. Während sich der ‚klassische Marketing-Mix' aus ‚Produkt', ‚Preis', ‚Distribution' und ‚Kommunikation' zusammensetzt, kommen beim Gender-Marketing noch ‚Marktforschung', ‚Service', ‚Beziehungsmanagement', sowie ‚Corporate Social Responsibility' (Unternehmenspolitik, -ethik, gesellschaftliches Engagement) hinzu (vgl. Jaffé/ Riedel 2011: 29).

Dass dieser Aufwand notwendig ist, zeigt das Beispiel des Unternehmens Dell, welches im Jahr 2009 eine Website namens ‚Della' speziell für Frauen kreierte, welche bei den Kunden allerdings gar nicht gut ankam. Grund dafür war das Frauenbild, welches das Unternehmen vermittelte, da es ‚bevormundend', ‚herablassend' und ‚gönnerhaft' wirkte , dadurch dass es mit Kochrezepten und Yoga-Übungen warb (vgl. Jaffé/ Rieder 2011: 36-27).

3.2 Gender Marketing in der Praxis

Da wir nun im vorangegangenen Abschnitt geklärt haben, was Gender-Marketing in der Theorie bedeutet und wodurch es sich auszeichnet, ist nun die Frage, wie es in der Werbung eingesetzt wird beziehungsweise, welche Werbestrategien es generell gibt, um speziell Frauen anzusprechen.

Natürlich gibt es auch hier verschiedene Arten, Gender-Marketing zu betreiben, da verschiedene Vorstellungen bestehen, was auf Männer beziehungsweise Frauen jeweils ansprechend wirkt.

3.2.1 Emotionalisierungs-These

Eine These besagt, „man müsse Werbung für Frauen ‚emotionalisieren'" (Jaffé/ Riedel: 107). Tatsächlich ist es bewiesen, dass Frauen emotionale Signale durchaus schneller interpretieren und darauf sensibler reagieren als Männer (vgl. Jaffé/ Riedel: 107). Jedoch wissen die Werbetreibenden zum Teil selbst nicht genau, wie sie dieses Wissen einsetzen sollen, da es sich als nicht ganz unkompliziert herausstellt, Emotionen auszulösen und gleichzeitig ein bestimmtes Produkt zu bewerben (vgl. Jaffé/ Riedel 2011: 109).

3.2.2 Evolutionsbiologischer Ansatz

Der evolutionsbiologische Ansatz von Herbert Spencer bezieht sich auf die Fortpflanzung und die damit verbundene Selektion bei der Partnerwahl.
Wie bereits in Kapitel 2.2 geht aus auch bei dieser Theorie darum, dass Frauen eher aufgrund ihres Aussehens, welches den Grad der Fruchtbarkeit vermittelt, ausgesucht werden, während bei Männern zunächst Eigenschaften wie Stärke, Dominanz und Macht im Vordergrund stehen (vgl. Schütz 2014: 70-71).

„*Diesen Erkenntnissen zu Folge sind Frauen eher bestrebt, jung und attraktiv auszusehen, was sich in den hohen Verkaufszahlen attraktivitätsverschönernder Produkte, wie z.B. bei Falten reduzierenden (Gesichts-)Cremes und weiteren Kosmetikprodukten, aber auch bei bestimmter jugendlicher oder schlank aussehender Kleidung bis hin zu Schönheitsoperationen bemerkbar macht*" (Schütz 2014: 71).

Eine Möglichkeit diesen Aspekt in der Werbung zu vermitteln ist in diesem Fall, Frauen zusammen mit einem (attraktiven) Partner oder umgeben von einer glücklichen Familie zu zeigen, um damit anzudeuten, dass die Konsumentin dies auch haben kann, sofern sie das beworbene Produkt benutzt.

3.2.3 Identifikationstheorie

Die Identifikationstheorie von Leon Festinger beschäftigt sich, wie der Name schon sagt, mit „soziale[n] Vergleiche[n] zwischen Individuen" (Schütz 2014: 71).
So sehen Frauen in der Werbung lieber Models, mit denen sie sich in irgendeiner Art und weise identifizieren können. Je mehr sich das Model in der äußerlichen Erscheinung von der Zuschauerin unterscheidet, umso schlechter fühlt sich diese (vgl. Schütz 2014: 72).
Die Werbung mit realistischen Models wird dementsprechend positiver aufgenommen, jedoch ist es Sinn und Zweck der Werbung etwas zu verkaufen und zwar nicht das Gefühl,

man sei gut so wie man ist. Um ein Produkt zu verkaufen, muss man dem Kunden vorführen, was ihm fehlt und dass er dies dringend benötigt.

Haben Frauen nach Betrachten einer Werbung also Minderwertigkeitskomplexe, sind sie wohl eher dazu geneigt, das beworbene Produkt zu kaufen, um ihren Komplexen damit entgegen zu wirken und sich schlussendlich mit dem werbenden Model identifizieren zu können.

3.2.4 Match-up-Hypothese

Die Match-up-Hypothese arbeitet mit der Annahme, dass das werbende Model auch immer mit einigen variablen Eigenschaften zum beworbenen Produkt passen muss, um die Werbung letzten Endes glaubwürdig erscheinen zu lassen (vgl. Schütz 2014: 72).
Im Bezug auf Schönheit unterscheiden Bower und Landreth zwischen zwei Arten von attraktivitätsrelevanten Produkten; schönheitserhöhenden und problemlösenden Produkten. ‚Hoch attraktive' Models passen zur ersten Produktkategorie, da sie bereits schön und attraktiv sind und beispielsweise durch die Nutzung eines bestimmten Parfums diese Attraktivität steigern.
Für problemlösende Produkte kann man sowohl hoch attraktive, als auch ‚normal attraktive' Models einsetzen, denn durchschnittliche Models können realistischer das Problem und ihren Weg, dieses zu lösen, veranschaulichen, während schöne Models generell als Expertinnen rund ums Thema Schönheit fungieren.
Andere Produkte, wie Medikamente, werden eher gekauft, wenn sie von weniger attraktiven Models beworben werden, da so ein glaubhafterer Eindruck einer Erkrankung entsteht, wohingegen eine schöne, vitale Frau in diesem Falle fehl am Platz wirken würde, es sei denn man zeigt sie als geheilt (vgl. Schütz 2014: 74).

4. Folgen des Schönheitswahns

Es ist kein Geheimnis, dass sich gerade junge Mädchen, aber auch Frauen durch schöne Models in der Werbung verunsichert fühlen. Dies kann oft noch weiter führen und das Selbstwertgefühl beeinträchtigen, was wiederum zu Essstörungen (vgl. Schütz S. 60) oder gefährlichen Schönheits-OPs verleitet.

Diese Thematik greift jetzt allerdings zu weit, um sie ausführlich zu skizzieren. Vielleicht ist die Werbung nicht der Hauptschuldige, wenn es um Erkrankungen bezüglich der eigenen Körperwahrnehmung geht, dass sie einen Teil der Schuld durch Vermittlung unrealistischer und übertriebener Schönheitsideale trägt, lässt sich jedoch nicht von der Hand weisen. In diesem Sinne ist die Darstellung des Schönen und die speziell auf Geschlechter zugeschnittene Werbung in einem gewissen Maße zwar sinnvoll, sollte aber nicht zu weit getrieben werden.

5. Fazit

In meiner Hausarbeit wird Bezug auf die Arbeiten von Bernd Guggenberger genommen, da dieser das Thema Schönheit sehr eindringlich behandelt, auch im Kontext der Werbung. Diana Jaffé und Saskia Riedel veranschaulichen die Vorgehensweise beim Gender-Marketing und Kathrin Schütz erläutert den Einsatz von Models in der Werbung, sowie verschiedene Werbe-Theorien.

Zunächst ist es schwer, die Begriffe Schönheit und Attraktivität zu differenzieren, da sie miteinander in Verbindung stehen und von verschiedenen Autoren unterschiedlich gebraucht werden, wobei ich versucht habe mich auf die rein optische Schönheit zu beschränken.

Halten wir also fest, dass Schönheit auch immer mit sozialer Macht einhergeht. Schönheit ist erstrebenswert und besonders Frauen erliegen diesem Streben, da sie von Grund auf mehr schöne Attribute zur Präsentation vorweisen und vom männlichen Geschlecht bei der Partnerwahl zu Beginn teilweise auf ihr Äußeres beschränkt werden.
Auch in der Werbung werden viele schöne Models eingesetzt, da sich deren Schönheit zum Teil auf das beworbene Produkt überträgt, die Werbeanzeige positiver erscheinen und länger im Gedächtnis bleiben lässt.
Frauen lassen sich durch solch schöne Bilder oft verunsichern und stellen so die perfekten „Opfer" der Werbeindustrie dar, welche ihnen durch die beworbenen Produkte zu helfen verspricht.

In einigen Fällen kann die Verunsicherung der Frauen allerdings auch zu schwerwiegenden Selbstzweifeln bis hin zu Krankheiten wie Essstörungen oder OP-Süchten führen. In diesem Zug gewinnen Werbeanzeigen und -spots mit realistischen Models immer mehr an Popularität, da sie teilweise glaubwürdiger erscheinen und es den Frauen ermöglichen, sich mit den Models zu identifizieren und sich nicht unterzuordnen.

In dieser Hausarbeit habe ich mich ausschließlich auf das weibliche Schönheitsstreben konzentriert, jedoch verfallen auch immer mehr Männer dem anhaltenden Schönheitswahn. Dieser Aspekt wäre ebenfalls eingehendere Betrachtungen wert, dies würde allerdings den Rahmen meiner Hausarbeit sprengen.

In meinen Ausführungen wird das Thema Schönheit unverkennbar mit negativen Aspekten behaftet, was nicht heißen soll, dass Schönheit oder ihre Vermittlung etwas schlechtes ist. Ganz im Gegenteil. Nur sollten Medien und besonders die Werbung darauf achten, welche Botschaften sie damit an die Gesellschaft tragen und welche Auswirkungen dies mit sich bringt. Denn das persönliche Wohl und die Gesundheit sollten trotz allem einen höheren Stellenwert genießen, als das schöne Äußere.

6. Literaturverzeichnis

Printquellen

Guggenberger, Bernd (1995): *Einfach schön. Schönheit als soziale Macht.* Hamburg: Rotbuch Verlag.

Jaffé, Diana/ Riedel, Saskia (2011): *Werbung für Adam und Eva. Zielgruppengerechte Ansprache durch Gender Marketing Communication.* Weinheim: WILEY-VCH Verlag GmbH & Co. KGaA.

Schütz, Kathrin (2014): *Ältere Konsumenten in der Werbung: Attraktivität und Kompetenz von Models.* Mainz: Inauguraldissertation.

Elektronische Quellen

Presseportal. URL: http://www.presseportal.de/pm/52678/2787099

BEI GRIN MACHT SICH IHR WISSEN BEZAHLT

- Wir veröffentlichen Ihre Hausarbeit, Bachelor- und Masterarbeit

- Ihr eigenes eBook und Buch - weltweit in allen wichtigen Shops

- Verdienen Sie an jedem Verkauf

Jetzt bei www.GRIN.com hochladen und kostenlos publizieren